BEI GRIN MACHT SICH IHR WISSEN BEZAHLT

Paul Diederich

Zur Sprache des Nationalsozialismus in Anlehnung an Victor Klemperers "LTI"

GRIN Verlag

Bibliografische Information der Deutschen Nationalbibliothek:

Die Deutsche Bibliothek verzeichnet diese Publikation in der Deutschen National-
bibliografie; detaillierte bibliografische Daten sind im Internet über http://dnb.d-
nb.de/ abrufbar.

Impressum:

Copyright © 2009 GRIN Verlag GmbH
Druck und Bindung: Books on Demand GmbH, Norderstedt Germany
ISBN: 978-3-656-49275-7

Dieses Buch bei GRIN:

http://www.grin.com/de/e-book/232062/zur-sprache-des-nationalsozialismus-in-
anlehnung-an-victor-klemperers-lti

GRIN - Your knowledge has value

Der GRIN Verlag publiziert seit 1998 wissenschaftliche Arbeiten von Studenten, Hochschullehrern und anderen Akademikern als eBook und gedrucktes Buch. Die Verlagswebsite www.grin.com ist die ideale Plattform zur Veröffentlichung von Hausarbeiten, Abschlussarbeiten, wissenschaftlichen Aufsätzen, Dissertationen und Fachbüchern.

Besuchen Sie uns im Internet:

http://www.grin.com/

http://www.facebook.com/grincom

http://www.twitter.com/grin_com

Universität Trier
WS 08/09
HS: Sprachkritik
Essay von: Diederich Paul

Zur Sprache des Nationalsozialismus -
In Anlehnung an Victor Klemperers *LTI*

Alles, was in Deutschland zur Zeit der Nationalsozialisten gedruckt wurde, war parteilich genormt. Unterschiede im Schreiben verschwanden, und am Ende stand die LTI. Von jedem gelesen, wurde sie dank der ihr eigenen Aufdringlichkeit irgendwann auch zum Wortschatz des normalen sprechenden Bürgers. Dass selbst verschiedene Juden nationalsozialistisch geprägte Wörter verwendeten, lässt erahnen, was für ein Ansteckungspotential diese Sprache durch ihre markanten Wörter und hunderttausendfache Wiederholungen besaß. Die Gleichheit der Redeform lässt sich also zum großen Teil als eine Folge der parteilichen Normung der Schriftsprache verstehen.

Klemperer schreibt in seinem *LTI*: "Nein, die stärkste Wirkung wurde nicht durch Einzelreden ausgeübt, auch nicht durch Artikel oder Flugblätter, durch Plakate oder Fahnen, sie wurde durch nichts erzielt, was man mit bewußtem Denken oder bewußtem Fühlen in sich aufnehmen musste. Sondern der Nazismus glitt in Fleisch und Blut der Menge über durch die Einzelworte, die Redewendungen, die Satzformen, die er ihr in millionenfachen Wiederholungen aufzwang und die mechanisch und unbewußt übernommen wurden." (S.26)
Die Artikel, Einzelreden und Flugblätter waren dabei wohl die Kraft, die die Lawine ins Rollen brachte - aber erst durch die Einzelworte, Redewendungen und Wiederholungen glitt die Sprache ins Fleisch, also ins Unbewusste hinüber.
Klemperer kommt zu dem Schluss, dass die Sprache die Gefühle und das ganze seelische Wesen des Einzelnen steuern kann, und zwar umso mehr, je mehr sich dieser ihr überlässt und sie unbewusst benutzt. Die Nationalsozialisten versuchten also durch die Sprache die Menschen zu manipulieren und in ihre Gefühlswelten einzugreifen, was

ihnen durchaus mit Erfolg gelang.

Es gibt dabei einige besonders hervorstechende Merkmale der Sprache des Nationalsozialismus. So waren zum Beispiel die tausendfachen Wiederholungen und verschiedene stark beanspruchte Wortschatzfelder - Sport, Religion usw. - aus dem alltäglichen Sprachgebrauch im Nationalsozialismus nicht mehr wegzudenken. Das erste dieser Wortschatzfelder, das ich behandeln werde, ist das des Sports.

1) Sport

Da nach dem Versailler Vertrag Wehrpflicht verboten war, musste die Parteiführung versuchen, andere Möglichkeiten zu finden, um die jungen Männer zu kräftigen und gesunde, sportliche, kriegsfähige Soldaten auszubilden.

Da man diese Ausbildung nun nach dem ersten Weltkrieg natürlich nicht mehr auf der ernsten Ebene der Armee anbieten konnte respektive durfte, versuchte man, die Betreibung von Sport (die noch erlaubt war) allgemein zu fördern und die Sicht des Volkes auf den Sport positiver zu gestalten, indem man ihm einen immer größeren Stellenwert im Leben einräumte.

So wurden zum Beispiel berühmte deutsche Sportler (Autofahrer,…) über alle Maßen gelobt und bewundert und wie Helden behandelt. Sport wurde zu einer Form des nazistischen Heldentums, und es kam durch geschickte politische Manipulation zu einer allgemeinen Sportbegeisterung in Deutschland.

Diese Manipulation geschah, wie so vieles im Dritten Reich, zum Teil über den Weg der Sprache. So lässt sich auch heute noch feststellen, welch große Bedeutung dem Wortschatzfeld des Sports damals zukam.

Hitler liebte den Ausdruck "körperliche Ertüchtigung" (den er im Lexikon der Weimarer Konservativen gefunden hatte) und er stellte eine Rangordnung der zu fördernden Fähigkeiten auf.

Das Körperliche stand dabei klar im Vordergrund: zuerst sollte für die körperliche Ertüchtigung gesorgt werden, an zweiter Stelle kam die Ausbildung des Charakters, und erst an dritter Stelle, nur widerwillig zugelassen und verdächtigt, geschmäht und als "niedrig" angesehen, stand die Ausbildung des Intellekt. Diese Zurückstellung des Denkens zeigt die Angst der Nationalsozialisten vor dem selbständig denkenden

Menschen. Sie wollten das Volk über den Weg des Fühlens und des Glaubens erreichen und nicht über den Weg des Intellekts. Darauf wird noch im Absatz des Wortschatzfeldes "Religion" näher eingegangen werden.

Dieser Vorrang des Körperlichen vor dem Intellekt lässt sich durch die damalige politische und weltgeschichtliche Situation erklären. Schon im ersten Weltkrieg lag das Hauptaugenmerk - neben der Waffenqualität - auf den körperlichen Fähigkeiten und dem Durchhaltevermögen der einfachen Soldaten. Man brauchte keine Soldaten, die kritisch Denken konnten, sondern solche, die fit und durchtrainiert waren. Diese Prioritätensetzung war auch in den dreißiger und vierziger Jahren noch aktuell. Das Hauptaugenmerk in der Ausbildung der Jungen lag also - im Voraussehen weiterer Kriege - auf der körperlichen Verfassung, und nicht auf dem Geist.

Die Stellung des Körperlichen im Nationalsozialismus kann man, wie schon erwähnt, gut am Auftauchen resp. der vermehrten Verwendung einer ganzen Reihe von Wörtern aus dem Bereich der Sportsprache beobachten. So ist immer wieder von "kämpferisch" die Rede, damals erhältliche Zigarettenmarken trugen Namen wie "Sportbanner", "Sportnixe", oder auch "Wehrsport", was die Zugkraft und äußerst positive Konnotation des Wortes "Sport" deutlich werden lässt, viele Wörter aus dem Bereich des Boxens wurden übernommen, und in den Reden Goebbels´ und Hitlers fallen immer wieder Sätze wie "Uns wird der Atem nicht ausgehen, wenn es zum Endspurt kommt" (Goebbels 1944) oder auch "Sieger wird, wer auch nur um Haupteslänge vor den anderen durchs Zielband geht". In diesem Zusammenhang erscheint es dann auch kaum noch als Zufall, dass Goebbels die meisten seiner großen Reden im "Sport"palast hielt. Aus dem Boxsport stammen Sätze wie "Wir wischen uns das Blut aus den Augen, damit wir klar sehen können, und geht es in die nächste Runde, dann stehen wir wieder fest auf den Beinen" (Aussage Goebbels nach dem Desaster von Stalingrad).

Die Sportsprache wurde unter anderem deshalb verwendet, weil die Reden der Politiker im Nationalsozialismus "volkstümlicher" werden mussten.
Die gesamte Politik richtete sich vollkommen neu aus. War es bisher üblich, dass politische Reden nur an ausgewählte Volksvertreter gerichtet waren und für das "gemeine Volk" höchstens in Auszügen durch das Radio nachverfolgbar waren, so werden die großen Reden der politischen Führer nun als Volksereignis inszeniert. Die

Reden wendeten sich jetzt direkt an das Volk, was mit sich brachte, dass sie volkstümlicher, verständlicher, konkreter und sinnlicher wurden. Es galt nun nicht mehr, den Intellekt anzusprechen und durch vernünftige, logische Aussagen zu überzeugen, sondern es galt, sich mehr oder weniger vom Intellekt abzuwenden und in den Reden vor allem an die Gefühle der Menschen des Volkes zu appellieren.

Diese Hinwendung zu den Gefühlen der einfachen Menschen vollzog sich nun eben unter anderem durch den verstärkten Gebrauch der Wortschatzefelder Sport und Religion.

2) Religion

Wie schon ausgeführt wurde, entwickelte sich eine gewisse Geringschätzung des Intellekts, da es für die Nationalsozialisten (und die Heerführer) wesentlich einfacher war, weniger gebildete Leute zu manipulieren beziehungsweise ihnen Befehle zu geben, als ebendies bei gebildeten Menschen der Fall wäre. "Fanatisch" wurde zu einem Leitwort und "fanatisch" zu sein wurde als äußerst positive Eigenschaft dargestellt. Eine solche war sie allerdings höchstens für die Befehlsgeber, da "fanatische" Menschen Befehle blind befolgen und keine unangenehmen Fragen stellen. In diesem kleinen Wörtchen konkretisiert sich die Sicht der Führungsriege auf das Volk: die einfachen Menschen sollten die Ideologie des Dritten Reichs wie eine Religion annehmen, und ebenso wie man eine Religion nicht in Frage stellt, sollte auch der Nationalsozialismus als Glauben - fernab von allem kritischen Denken - zelebriert werden. "Fanatisch" kann in diesem Sinne mit "gedankenlos", also "rein gefühlsmäßig", gleichgesetzt werden.

Da der Jargon des Dritten Reiches sentimentalisiert und allein auf Gefühle abzielt, ist das Wortschatzfeld der Religion (die ja ebenfalls nur auf Glauben basiert, und nicht auf kritischem Denken) für die Zwecke der Nationalsozialisten also optimal geeignet.

Dementsprechend bedienten sich die Nationalsozialisten auch recht ausgiebig am religiösen Wortschatz. So wird Hitler als "Erlöser" und als "der Führer" bezeichnet. Schon an diesen Bezeichnungen lässt sich erkennen, dass man ihm - und er sich selbst - eine gottähnliche Position zuschreibt. Er hat die Aufgabe "sein Volk" zu leiten, weg von der Demut der Niederlage im ersten Weltkrieg und der alten, überkommenen Politik und später hin zum Sieg im neuen Krieg. Es kam dabei zu einem "blinden" Vertrauen in den Führer und seine Entscheidungen, eben so, wie man blindes Vertrauen in Gott besitzt.

Es soll dabei allerdings nicht vergessen werden zu erwähnen, dass eine Ausnutzung von religiösen Formen zu politischen Zwecken, wie sie hier stattfand, keine Erfindung der Nationalsozialisten war. Zwar mag eine derart vollkommene Überschwemmung des Alltäglichen und Politischen mit Religiosität nie zuvor existiert haben, aber die Wurzeln lassen sich schon früher feststellen; so zum Beispiel bei den faschistischen Gepflogenheiten der Italiener, die auch schon von "duce", also "Führer", sprachen.

Das Volk wird im Nationalsozialismus als unauflösbare "Glaubensgemeinschaft" dargestellt, die alleine auf dem gemeinsamen Glauben der Bürger an den Führer und an das Deutsche Reich gründet. Komposita wie Volksfest, Volksgenosse, Volksgemeinschaft, volksnah und volksfremd belegen die Häufung des Wortes "Volk", durch das versucht wurde, dem einzelnen Menschen das Gefühl zu geben, Teil einer größeren Ordnung zu sein.

Hitler bezeichnet das deutsche "Reich" ("Reich" kann dabei in Anlehnung an das "Göttliche Reich" gesehen werden) als "ewig" (ein Terminus, der ebenfalls nur dem Göttlichen zukommt), und beschwört unaufhörlich den "Glauben", den das Volk haben müsse, in ihn, den "Führer", in das Reich und in die Soldaten.

Auch durch den Gebrauch des Wortes "Blutfahne" gelingt es den Nationalsozialisten, die gesamte nationalsozialistische Angelegenheit aus der politischen in die religiöse Sphäre zu heben. Parteitage werden so zu kultischen Handlungen und der Nationalsozialismus wird zur Religion.

3) Eintönigkeit der Sprache

Die Sprache des Nationalsozialismus zeichnet sich neben dem prägnanten Gebrauch von verschiedenen Wortschatzfeldern auch dadurch aus, dass sie äußerst eintönig ist. Klemperer kommt dabei zu dem Schluss, dass sie sogar grundsätzlich und freiwillig arm und eintönig ist.

Diese freiwillige Armut lässt sich dabei durch das Ziel der Sprache erklären. Das Ziel der "LTI" ist nämlich nicht, besonders schön oder elegant zu wirken, sondern vielmehr, das Denken der Menschen zu verändern. Eine Festsetzung bestimmter Begriffe und Sinnzusammenhänge im Denken erreicht man aber eben nicht durch Schönheit der Sprache, sondern vor allem durch einprägsame Begriffe und ständige Wiederholungen.

Neben dieser Erklärung, dass die LTI eintönig sei aufgrund des Zieles, das Denken der Menschen durch ständiges Wiederholen derselben Begriffe zu verändern, liefert uns Klemperer noch einen zweiten Grund.

So sagt er, dass die Sprache des Nationalsozialismus auch deshalb so eintönig sei, weil sie eben nur eine einzige Seite des menschlichen Lebens und Wesens wiedergibt, nämlich die der Agitation, des Angriffs und der Beschwörung. In dieser Sprache bleibt kein Platz für Gebete oder Bitten.

Die LTI kennt dabei keinen Unterschied zwischen gesprochener und geschriebener Sprache. Alles war Anrede, Anruf, Aufpeitschung; die Sprache diente einzig der Beschwörung.

Das Ziel dabei war, das Individuelle im Menschen, das kritische Denken, die Persönlichkeit zu betäuben und das Volk zu einem Massenfanatismus zu führen - womit wir wieder beim "Glauben an den Führer" angekommen wären.

Literatur

Klemperer, Victor: *LTI. Notizbuch eines Philologen*, 21.Auflage, Leipzig 2005.